कोहसार

अनुप घोषाल

मैं अपने उन सभी मित्रों एवं प्रिय जनों का आभारी हूं, जिनके अथक प्रोत्साहन और अभिलाषा से ही आज 'कोहसार' आप तक पहुंच पाया ।

क्रम-सूची

क्रम-सूची

भूमिका

जिंदगी एक सफर है और इस सफर में तजुर्बे खूब हासिल होती हैं.... कुछ ज़ाती और ढेर सारे ऐसे जो अपना तो नही होता पर अपनों का होता है । सफर तजुर्बों का कोहसार बन जाती है ।
ऐसे ही कुछ तजुर्बे हाथों से होकर क़िताबों तक अपनी जगह बना लेती हैं। कोहसार इन को आप तक पहुँचाने का एक प्रयास है ॥

****

अनुप घोषाल पेशे से एक कॉर्पोरेट प्रोफेशनल हैं । समय की कमी के कारण ये अपने अवसर समय पर ही लिख पाते हैं ।

कविता उनका बचपन का साथी रहा और आज तक साथ निभा रहा है । उनके इस गुमनाम साथी ने कागज कलम से मोबाइल फोन का सफर साथ-साथ तय किया । अपने मित्रों और शुभ चिन्तकों के प्रोत्साहन और अनुरोध से अपनी रचनाओं को पहली बार बृहद समुदाय तक पहुँचाने हेतु इस संकलन को प्रस्तुत किया जाता है । अगर पाठकों को अच्छा लगा तो बेशक आपके सामने फिर हाजिर होने की ख्वाहिश रहेगी ।

1. किरदार

ऐसा नही कि ख्वाहिश नहीं
दिन रात खुद को पाता हूँ वहीँ
दिन ढलती वही... काम की कुर्सी पर
शिकायतों कि रोशनाई से जगमगाती
घर और दफ्तर
फुरसत मानो पाप सा लगता है
आईने में चेहरा अपना ....
कुछ..... बाप सा लगता है
खुश रखने कि तमन्ना
कबसे दिल मे संजोए
दिन रात मैंने पाए और खोए
पर तमन्ना अपना नाम न बदली
और न मैं अपना हैसियत बदल पाया
अब तमन्ना एक श्राप सा लगता है
आईने में चेहरा अपना
कुछ.... बाप सा लगता है
सादगी .....सर के बालों से ही
नज़र आती है अब
घर वाले मुझसे दूर ही रहते सब
वो खुश रहें मैं खुश रख पाऊँ
इसी मक़सद से मैं जीता जाऊँ
संसार धर्म का,यही एक
मंत्र जाप सा लगता है
आईने में चेहरा अपना ....
कुछ......बाप सा लगता है ।।

2. अलविदा

ज़िंदगी इतना प्यार न कर मुझसे
अब मुझे जाने दे
ज़िंदगी इतना प्यार न करा मुझसे
अब मुरझाने दे
इससे पहले यह एहसास हो..
की कुछ रहा नही बाकी
सब खत्म कर,
बह जाने दे मुझे
बेहतर है
इस एहसास को न परखूँ मैं
सूनी महफ़िल से पहले
सो जाने दे मुझे
मिली हुई चीज़
छूट रही है मुझसे
विदा करने से पहले
अलविदा हो जाने दे मुझे
सूखी हुई आँखों में
आ नही सकता है आँसू
खून आने से पहले
बंद हो जाने दे इसे
तेरा मेरा ये रिश्ता अटूट
कम-से-कम बच जाने दे इसे
ज़िंदगी इतना प्यार न कर मुझसे
अब मुझे जाने दे
ज़िंदगी इतना प्यार न करा मुझसे

अब मुरझाने दे

3. मैं और वक्त

जिया तेरे सहारे
ऐ वक्त ....
मुझसे कोई गिला तो नहीं?
पाया जो ....ज़ख्म सारे
ऐ जिंदगी....
भुलाया वो सिला तो नहीं?
आवाजें आतीं हैं ....
कभी किस्मत की सिसक
कभी फ़ितरत की शोर
तमाम बीती पुरानी यादें
भूले बिसरे रिश्ते
जैसे दूर कोई
टिमटिमाती हुई दिए कि
जलती बुझती लौ.......
अच्छा लगता है
अपनी कुर्सी मे बैठ
जब सोचता हूँ
मैं......
मैं कौन था
वक्त कैसी थी
जाने कहाँ चला गया
साथ ले गया बहोत कुछ
हाँ....ये भी दुरुस्त है
कि......
दे भी गया

एक भारी भरकम सा बक्सा
तोहफ़ा है उसमे .....
यादों का एक एल्बम
हर तस्वीर ....
बस वक्त दिखता है
वक्त की आईने से
रिश्ते दिखते हैं
रिश्तों की उतार चढाव
वक्त के अहम पड़ाव
सारे संजो के रक्खा है
फुर्सत की चाभी
महफूज रहे तो
एल्बम के पन्ने पलटतीं हैं
खुद बखुद.....
कभी आँखों में सितारें चमकते
और कभी आँखें नम हो जातीं
इक लंबी आह भर
सालों से यही पूछ रहा हूँ
जिया तेरे सहारे
ऐ वक्त ....
मुझसे कोई गिला तो नहीं?

4. आहिस्ता

ऐ वक्त थोड़ा आहिस्ता
रफ्तार रोक ले ज़रा
ये मंज़र है सुहाना इतना
के मैं नज़रे समेटू ज़रा
सफर ये जिंदगी का
डगर मौत बन नज़र
आती है, किसको ख़बर
चला चल तू भी
चलता चलूँ मैं भी
जल्द किस बात की आज
कौन सी छुपी राज़
जिंदगी खुली किताब .....
कहीं स्याही छिड़की
कहीं सुखी गुलाब
मौर के पंखें दबे
कहीं पुराने हिसाब
एक पल का सफर
एक पल में खत्म

5. आवारा

ऐ शाम रुकी है क्यों ?
ढल जा.....
अब मैं न आऊंगा
ऐ रात बाकी है तू जितनी
गुज़र जा.....
अब मैं न आऊंगा
मेरी सफर अब
रुकेगी न कोई डगर
न मंज़िल न कारवाँ
न ईशारे न किनारे
अपने पराये छोड
जीवन से सराबोर
यूँ ही बे-लगाम, बेमतलब....
साँसों के सहारे
न ढूँढेगी कोई पनाह
बँची जिंदगी तक
अब सफर ही सफर है
न दिन है न रात है
न हमसफर न हमसाया
न लेन देन की कोई फिक्र
न इजाज़त न परवाह
रुकने की फुर्सत कहाँ
रुख़सत करेगी जब ...जहाँ
न शामें गम की
और न ही शोख रातों की

बाकी रहेगी कोई अहमियत
ऐ शाम रुकी है क्यों ?
ढल जा.....
अब मैं न आऊंगा
ऐ रात बाकी है तू जितनी
गुज़र जा.....
अब मैं न आऊंगा ॥

6. बेदार

आजकल दिल कि बात
हाथों से काग़ज तक उतरती नहीं
जाने क्या माजरा है?
उंगलियाँ तो अकड़ि नहीं
दिल ने दरवाज़ा दे रखा है शायद.....
बार बार चोट पहुँचता है
चुप-चाप सह लेता था कल तक
रात गए हाथों के रास्ते
उतार देता अपनी फ़रियाद
अपने गिले-शिकवे .....
कलम और स्याही से बयां कर जाता
स्याही सूख गई, कलम भी रुक गया
अब आवाजें अंदर ही गूँजती हैं
कोई सीने मे सर रखे तो...
धड़कनों की चीख़ सुनाई देती है

7. गुज़ारिश

सुन..
ऐ वक़्त् सुन जा ज़रा
दो पल रख जा आज
मैं....
दम ले लूँ ज़रा

दो लम्हा छोड जा आज
धीमी धीमी रात की आँच
रुक जाये तो क्या बात है
मीठी मीठी प्यार की धुन
आती रहे कानों में सुन
सुन..
ऐ वक़्त् सुन जा ज़रा
दो पल रख जा आज
मैं
लौटा दूँगा एक उम्र
दो पल के बदले
लौट जाऊं...इससे पहले
सुन..
ऐ वक़्त् सुन जा ज़रा
दो पल रख जा आज
मैं....
दम ले लूँ ज़रा
दो लम्हा छोड जा आज

8. एक सपना

मन की सीमा पार
देखा है कई बार
एक छोटा सा सपना
बाहों में बाहें थाम
राहों पर ढलती शाम
रातों को लेती है अपना
मन ढूँढे यहाँ वहाँ
मन मीत मिले कहाँ
किस्मत में लिखा है तड़पना
राहों के फूल प्यारे
सजा लूँ इनको सारे
चुराकर मन में आज
अपने पराये छोड़
कुछ यादों को तोड़
बना दूँ दिल का ताज
एक उलझन मुझे सताये
क्या करें समझ न पाएँ
ये आस कैसे बुझाऊँ
किसको मैं रखूं साथ
शाम भी प्यारी जितनी रात
किसकी याद भुलाऊँ

9. नसीब

कोहसार की तलाश थी
कोहरा नसीब हुई
आरज़ू दिल की
दबी, दिल में रही
बस....एहसास करीब हुई
बुलंदी से शिकस्त खा
सन्नाटों से टकराती
बाजी ग़रीब हुई
रफ्तार जिंदगी की
इस कदर रही
फ़क़त उलझने सुलझाते
रौशन मग़रिब हुई
तेरा जहाँ मकबूल माना
मेरे अरमाँ मुक्कमल नहीं
सही को गलत समझा मैं
और गलत को समझा सही

10. अक्स

दरख्त के जिस्म पर
दाग देखा तो......
दिल ...याद आया
ऐसे ही कुछ निशाँ
आज भी बाकी हैं....
कुछ दाग
इतने गहरे हैं... कि
हर साँस चुभती हैं
और कभी-कभी
एक आह से ....
दबे पुराने दर्द सारे
ग़लत होते हैं
वो...
दरख्त पर बयाँ इज़हार
और वो इस्मेशरीफ़........
दोनों दर्ज हैं इस दिल मे
वो ऊपर की ओर....
सदियों पहले कोई
लिखकर फिर काट गया
शायद .....
छूट गया होगा साथ
ऐसे जाने कितने वाक़ये
दिल पर दर्ज है
ये दिल भी एक दरख्त है

11. रेतघड़ी

देख रेत-फिसलते मुट्ठी से
क्यों मन घबरा सा जाता है
रेत-घड़ी के भर जाने से
वो फिर उलट जो जाता है
साँसों की धूल लम्हों पर सवार
दबे पाँव जब करती है वार
जीवन नैया छोड़ मझधार
मन मांझी तब हो बेकरार
सोचता है....बस एक बार ।।
बस एक बार और
रेत-घड़ी भर लूँ
जो कर न सका था
जी भर कर लूँ
कह दूँ जो
कह न सका था अब तक
जाने रेत रुक पाएगी कब तक
जी लूँ जी भर के ज़रा
समय रेत जब तक है भरा
गुज़र जाऊं फिर
बन झोंका पवन का
खिलाकर फूल मन उपवन का
मेरी यादों में कभी मुस्कराकर
या फिर आह की आँसू बहाकर
फिर से भर लेना रेत
जोड़ लेना जीवन की कड़ी

अनुप घोषाल

बंद न पड़ जाए रेत-घड़ी

बंद न पड़ जाए रेत-घड़ी

12. मैं ज़िन्दा हूँ

रास्ते अलग तो क्या
सफर एक ही रहा
पड़ाव जिंदगी के
हमसफर ही रहा
हमराह के बग़ैर
घिरे रहें दिन रात
अरमानों की बेहोशी होती
होता सपनों का था
रिश्तों से घिरा मैं आज
ख़ुद को तन्हा पाता हूँ
बे ख्वाहिश सी जिंदगी
मैं...
वक्त अकेला बिताता हूँ
किताब जिंदगी का
आज भी हाथों में है
काँपती है ज़रा.....
पन्ने बदल गए हैं
अब मुस्कान फीकी हो चली है
चेहरे में नई थकान जो पाली है
यादों के सहर में.....मैं
आज भी चुनिन्दा हूँ
कौन कहता है मैं गुजर गया
मैं आज भी ज़िन्दा हूँ

13. तेरे ख्याल मे

अब न मन रहा
बस नमन रहा
तेरे ख्याल मे
मन मगन रहा
अब ना बात रही
बस जज़्बात रही
तेरी दुनिया में
दिन भी रात रही
अब वो हवा कहाँ
तेरा जहाँ कहाँ
तेरा दिया सारा
जाने गया कहाँ
थोड़ी धूप बची है
थोड़ा सा चाँदनी
आसमाँ माथे पर बांध
सितारों की बांधनी
अब ना नज़र रहा
न मेरा ख़बर रहा
तुझमे मैं समाया
न तू रहा न मैं रहा

14. अधूरी सफर

कुछ साये छिपते नज़र आए
कुछ साये से छूटते नज़र आए
मैं तो रोशनी ढूँढने निकला था
कुछ रोशनी से छुपते नज़र आए
कोई सफर खत्म कर थका
कोई थककर सफर छोड़ा
मैं तो यूँ ही टहलने निकला था
शैर से शुरू हो सफर में जा रुका
सफर में साथी मिले
साथी का साथ मिला
साथ सफर का सोचा
सोच वीराने मिले
वाक्ये हुए हादसे दिखे
तजुर्बा हुआ नसीहत सीखे
न सफर टीका
न मंजिल दिखे
वक्त हो आया
अरमाँ अधूरी सही
दिल भर आया
सोच अनकही

15. मन

यूं ही साथ चलते चलते
जाने कब रास्ते अलग हो गए
अभी कल ही तो हाथ थामा था
साथ चलने का वादा था
फिर आज अचानक.......
हालात बदलते गए
वफाई के इंतजार में
न तुम मूड़े
न मैं पुकारा
सांसे गहराने लगी
और .....रिश्ते की गर्माहट
धीरे धीरे ठंड सी हो गई
अकेलापन का आदत सा हो गया
धुएं की रोशनी क्या दिखी
कुहासे की तलाश में
कोहसार सी जिंदगी
मुसाफ़िर बन
मंज़िलों कि तारीफ़ मे गुजार दिया

16. मेरी निशानी

मैं रहूं या न रहूं
ये दुनिया चलता जाएगा
चला गया जो जहां छोड कर
फिर वापस ना आएगा
लोग कहाँ कब वापस आए
आती उनकी यादें हैं ...बस
कुछ टूटे कुछ जुड़े जुड़े से
लाचार और समय पर बरबस
अगर तलाश कोई मुझे ढूंढने
इस कमरे तक आएगा
कल के तले धूल से भरा
मेरा निशानी पाएगा
पड़ा मिलूंगा मैं उसको
अपनी ही इन पंक्तियों मे
अपने ही कुछ कविता मे
और अपनों के ही गाने में
कोई अपने जुबां पर थाम
कुछ देर गुनगुनाएगा
कोई अपना दिल का दर्द
मुझको चिल्लाकर गायेगा
मैं किसी के कानों में
मिस्री घोल जाऊँगा
और किसी का इज़हार बन
किसी का दिल छू जाऊँगा
समय काल को कब कौन जाना

आज समा जो .....कल परवाना

क्या भरोसा क्या ठिकाना

जन्म जन्मांतर का आना जाना

खुद को ही पा जाऊं मैं गर

खुश होऊँगा खुद को पढ़ कर

मेरी निशानी ढूँढने वालों

पड़ा मिलूंगा मैं तुम सबको

अपनी ही इन पंक्तियों मे

अपने ही कुछ कविता मे

और अपनी ही गाने में

17. याराना

नशा कहलो या ज़हर समझो
बेवक्त साथ निभाने की आदत
तुमसे बेहतर कोई नही निभाता
पूरानी दोस्ती की कसम
आज भी होठों को तुम्हारी आरजू
और तन्हाई में तुम्हारा साथ नामंजूर नहीं
उम्र की पहाड़े मे तुम ....
गुज़र चुके तो क्या?
कांपती हाथों को थर्राती लब तक
अंजाम देने एक बार फिर लौट आओ
चलो साथ चलते ....जलते
साँसों से साँस मिलाकर
धुएं में समा जाएं
ऐ सिगरेट......
आज शाम तेरे नाम
फिर एक कश हो जाए

18. दोबारा

मैंने देखा है रातों को
दबे पाँव गुज़रते हुए
देखा है हाथों को, दिलों को
छूटते और बिछड़ते हुए
तुम भी कह दो
कि बस अब जाना है
या रुक जाओ देख कर
इस मौसम को बिगड़ते हुए
वक्त कभी ठहरा कहाँ
किसी के लिए
बेवक्त अलविदा कह एहसास
यूँ ना दिलाओ उम्र के बढ़ते हुए
चलो दबे पाँव हम भी चलें
आज रात के साथ
के कल सुबह के साथ, हम भी
नज़र आए उभरते हुए

19. वो पुरानी शामें

वो शाम
आती नहीं अब
वो पुरानी शामें
हर रोज़...नयी बनकर आती थीं
अरमानो की सैर कराती
और जैसे ही मैं कहता
थोड़ी देर और रुक जाओ
जाने कहाँ ग़ायब हो जातीं
कानों में कह जातीं
ढूँढ सको तो ढूँढ लो
तब उम्र थी
रोज़ शाम होते ही ढूँढ लिया करता था उसे
अब जाने क्यूँ हर शाम
एक नज़्म सी सुनायी देती है
मेरी जान मुझे जाँ ना कहो
मेरी जाँ.....

20. तन्हाई

मैं अक्सर खो जाता हूँ
कभी यादों की लहरों में
कभी वादों के बादल में
कभी अखबारों के पन्नो में
कभी रोजमर्रे की जिम्मेदारियों में
....कोई ढूँढने नहीं आता
यूँ ही लहरों में तैरते
कोई याद.... याद दिला जाता है
कि मैं खो गया हूँ
वो..वादों की बादलों वाली बारिश
भीगा कर कह जाती है
वापस जाओ ...
तुम.... खो गए हो
अख़बारों के पन्नों ने भी कई बार
फड़फड़ा कर वापस लौटाया है मुझे
और....रोजमर्रे की जिम्मेदारियाँ...?
अक्सर वापस कर जातीं है मुझे
अपनों के जिम्मे छोड़ जाती हैं
वापस जाते वक़्त मुस्कुरा जाती हैं
इशारों ही इशारों में कह जाती हैं ....
अब खोना मत ॥

21. बेबसी

दूरियाँ तस्वीरों में नजर आती हैं हमें
इंतजार लंबी हो मंजूर है मगर
मिलों तन्हाई नजर आती है हमें
सफर साथ चलने की आरज़ू थी मगर
फासले बेवजह नजर आती है हमें

22. मुंतज़ीर

कुछ सुनने की ख्वाहिश थी
कुछ फिर से सुनने की तलब
खुली आंखों की नींद
जुगनू तारे बनकर
जगी ख्वाब परोसती थी
हवा पर कोई पाबंदी नहीं
बहती थी बेलगाम
कभी सर्द का नशा
तो कभी बरसात की पैगाम
मेंढको की टर टर
मानो बादल
लकड़ी के मोती की पायल पहन
छम छम नाच रही हो
कितनी रोशनी होती थी
बचपन के उन अंधेरों में.....
आज के उजाले में
बस अंधेरा ही अंधेरा दिखता है
तभी तो .....तलब होती है
कुछ फिर से सुनने की

23. रात

एक रात आई थी
रात भर की पनाह मांगने
साथ लाई थी तमाम शिकायतें
एक रात आई थी
रात भर की गुनाह मांगने
कह गई कि कैफियत नहीं चाहिए
आई थी बस
अपने बेवफाईयों की
हसर का दीदार मांगने
यह जो रातों की रातें हैं
बड़ी खामोश सी होती हैं
सौ उलझन समेटे
सन्नाटों पर सन्नाटे पिरोती है
कोई मिल जाए पनाहगार
तो बस
सन्नाटे की माला पहना जाती है

24. किरदार

ऐसा नही कि ख्वाहिश नहीं
दिन रात खुद को पाता हूँ वहीँ
दिन ढलती वही काम की कुर्सी पर
शिकायतों कि रोशनाई से जगमगाती
घर और दफ्तर
फ़ुरसत मानो पाप सा लगता है
आईने में चेहरा अपना ....
कुछ ,बाप सा लगता है ॥
खुश रखने कि तमन्ना
कबसे दिल मे संजोए
दिन रात मैंने पाए और खोए
पर तमन्ना अपना नाम न बदली
और न मैं अपना हैसियत बदल पाया
अब तमन्ना एक श्राप सा लगता है
आईने में चेहरा अपना
कुछ....
बाप सा लगता है ॥
सादगी .....सर के बालों से ही
नज़र आती है अब
घर वाले मुझसे दूर ही रहते सब
वो खुश रहें मैं खुश रख पाऊँ
इसी मक़सद से मैं जीता जाऊँ
संसार धर्म का,यही एक
मंत्र जाप सा लगता है
आईने में चेहरा अपना ....

कुछ ,बाप सा लगता है ॥

कुछ ,बाप सा लगता है ॥

25. शिकवा

ऐ जिंदगी
मेरे अरमानों के मुकाबले
तेरा कद छोटा रहा
शिकायत रही
बस रफ्तार की
ग़मगीन राहों पर अलसाई सी
और तेज़ हवा की तरह
बह निकली खुशियों से
रिश्तों और हालातों पर भी कुछ
मनमानी रही तेरी
दोनों एक दूसरे पर भारी पड़ते रहे
ये कशमकश जब सुलझी
एहसास हुआ कि.....
अब वक्त बाकी न रहा
तू मेरी न रही
मैं तेरा न रहा......
मेरे अरमानों के मुकाबले
तेरा कद छोटा रहा

26. कहानी हम सबकी

जब रोशनी से रिश्ता टूटा
साया ने भी नाता तोड़ दिया
दोनों साथ चले गए
बस अंधेरा मेरे हवाले छोड़ दिया
याद भर रोशनी से
आखरी बार अपने साए को देखा
दोनों के आंखों में आंसू थे ....
दोनों की वजूद छूट रही थी
मेरा वजूद अंधेरे में समाया
और.....साए का....रोशनी मे ॥
मुड़ के देखा तो... नज़र आया
वो मेरा हमसाया
कुहासे के बीच,
उसकी गहराईयों में
समाया जा रहा था
रोशनी तेज होती गई
कुहासे पिघलने लगे
साया मीटता गया .....
वादा किया है उसने
फिर मिलने की ...
नई रोशनी में
नए वजूद के साथ
मैं जब वापस आऊंगा
वो फिर मिलेगा
नन्हा सा एक अंधेरा का टुकड़ा बन

फिर खेलेंगे हम छुपा छुपी
साथ बढ़ेंगे....
और फिर एकदिन
मैं खुद के साए में समा जाऊँगा
बस इतनी सी तो कहानी है
हम सबकी...।।

फिर खेलेंगे हम छुपा छुपी
साथ बढ़ेंगे....
और फिर एकदिन
मैं खुद के साए में समा जाऊँगा
बस इतनी सी तो कहानी है
हम सबकी...।।

27. निशानी

मैं रहूं या न रहूं
ये दुनिया चलता जाएगा
चला गया जो जहां छोड कर
फिर वापस ना आएगा
लोग कहाँ कब वापस आए
आती उनकी यादें हैं बस
कुछ टूटे कुछ जुड़े जुड़े से
लाचार और समय पर बरबस
अगर तलाश कोई मुझे ढूंढने
इस कमरे तक आएगा
कल के तले धूल से भरा
मेरा निशानी पाएगा
पड़ा मिलूंगा मैं उसको
अपनी ही इन पंक्तियों मे
अपने ही कुछ कविता मे
और अपनों के ही गाने में
कोई अपने ज़ुबां पर थाम
कुछ देर गुनगुनाएगा
कोई अपना दिल का दर्द
मुझको चिल्लाकर गायेगा
मैं किसी के कानों में
मिस्री घोल जाऊँगा
और किसी का इज़हार बन
दिल किसी का छू जाऊँगा
समय काल को कब कौन जाना

आज समा जो .....कल परवाना
क्या भरोसा क्या ठिकाना
जन्म जन्मांतर का आना जाना
खुद को ही पा जाऊं मैं गर
खुश होऊँगा खुद को पढ़ कर
मेरी निशानी ढूँढने वालों
पड़ा मिलूंगा मैं तुम सबको
अपनी ही इन पंक्तियों मे
अपने ही कुछ कविता मे
और अपनी ही गाने में

28. कशमकश

यह कशमकश रही के
चांद का क्या करूं
चुरा लाऊं
या तोड़ लूं जरा सा
जैसे उम्र के साथ भी
रहीं कुछ उलझने
खर्च दूं या
जी लूं जर जरा

29. रिश्ता

जुदाई का एक जमाना गुजरा
पर रिश्ता वही कायम है
तेरी गली से यह दीवाना गुजरा
अपने वादे पर आज भी कायम है
तेरे यादों का नशा
कुछ फीका सा हो चला है अब
तेरे यादों की वफाई आज भी कायम है
शाम ए गजल और तेरा साथ
कुछ अलग ही थी तेरी बात
जाने लब से हुई जुदा कब
छुटी परेशानियों में तेरी तलब
खुश हूं तेरे बगैर ही अब
ऐ धुआं क्या आज भी
सिगरेट की लिबास कायम है

30. मैं अक्सर खो जाता हूँ

मैं अक्सर खो जाता हूँ
कभी यादों की लहरों में
कभी वादों के बादल में
कभी अखबारों के पन्नो में
कभी रोजमर्रे की जिम्मेदारियों में
....कोई ढूँढने नहीं आता
यूँ ही लहरों में तैरते
कोई याद.... याद दिला जाता है
कि मैं खो गया हूँ
वो..वादों की बादलों वाली बारिश
भीगा कर कह जाती है
वापस जाओ
तुम खो गए हो
अख़बारों के पन्नों ने भी कई बार
फड़फड़ा कर वापस लौटाया है मुझे
और....रोजमर्रे की जिम्मेदारियाँ ?
अक्सर वापस कर जातीं है मुझे
अपनों के जिम्मे छोड़ जाती हैं
वापस जाते वक्त मुस्कुरा जाती हैं
इशारों ही इशारों में कह जाती हैं ....
अब खोना मत